Herstellung und Verlag: BoD – Books on Demand, Norderstedt

Bibliografische Information der Deutschen Nationalbibliothek:
Die Deutsche Nationalbibliothek verzeichnet diese Publikation in der
Deutschen Nationalbibliografie; detaillierte bibliografische Daten sind im
Internet über http://dnb.d-nb.de abrufbar.

ISBN: 978-3-7460-1601-6

1

Seelengrau

Prelude 2:

Das Leben ist ein Spiel

Du musst die schwierigen Dinge meistern um
die guten genießen zu können. Was wäre wenn es
alles einfach wäre? ...ein langweiliges Spiel!
Man würde die Lust daran verlieren. Du musst
dich mehr und mehr ausrüsten, du bist nie
komplett, das gehört dazu. So sind die Regeln.
Immer wieder aufs Neue, immer wieder anderes,
immer wieder schwer dann immer wieder leicht.
Der ständige Wechsel bestimmt das Dasein.
Gewöhne dich daran und du wirst zufrieden.
Genieße es und du wirst glücklich. Werde eins
damit und werde unendlich. Das ist das Leben.
Das ist die Liebe. Das ist alles.

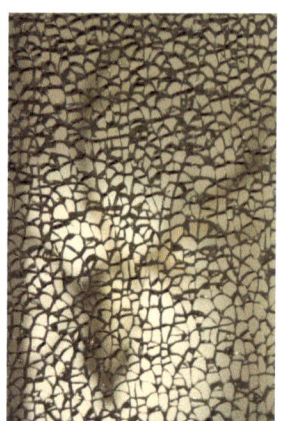

Der Ausflug

Fest gemauert ist die Sitte
Sie gehen in die Stadt hinein
Unter ihnen in der Mitte
Ist ein kleines Stück vom Schwein

Werde fallen wie sie alle
Sind doch einsam und allein
Werden kommen in die Halle
Wo sich brüstet Reich und Fein

Kälber

Leise leise weint das Kind
Und besingt die toten Felder
Weise weise wie wir sind
Schlachten wir die Kälber

Was

Was nicht ist, das kann noch werden
Was wir sind, das wird sich schälen
Was nicht ist, das wird nie sein
Warum sich die Toten quälen
Was wir wollen, ist ein Keim
Was wir sehen, ist ein Schein
Was wir werden, ist geheim

Messer

Soll des tiefen Messers Brunst
In der Scheide sich gebären
Mut zum Stellen ist die Gunst
Was lange gut wird endlich wären

Die Glocke

Herabgestiegen ist die Glocke
Vom hohen Turm der Ewigkeit
Auf des Kopfes goldner Locke
Birgt niemals endne Heiterkeit

Zeit zur Heiterkeit bereit
Es ist der tote Hahn der schreit
Es ist des Dunkels Dunkelheit
Wir kommen an und sind bereit

Zweisamkeit liegt in der Zeit
Doch was gebärt die Heiterkeit
Einsamkeit erkeimt durch Neid
Der Weg wird dunkel in der Zeit

Der Baum

Auf des Baumes Baumes Kron
Ist des Übeltäters Lohn
Was er sagt zu seinem Sohn
Sieht der Narr als blanker Hohn

Tief verwurzelt im Gewässer
Ist der Bettes Bettes Nässer
Werden kommt und wird vergehen
Wir werden durch das Auge sehen

Schlacht

Die Schlacht beginnt und wird beendet
Wenn der Mond die Sonne wendet
Wenn die leuchten Leuchten glühn
Werden wir die Gunst ersehen

Erst der eine dann der andere
Fallen tun sie nur am Rande
Was der Große ihn begehrt
Ist des Glückes Schmutz nicht wert

Was wir tollen was wir sollen
Was ist so toll am wollen
Was wir bersten und verwersten
Sind die Letzten doch die Ersten

Am Ende sind doch alle tot
Was ist das von Gotteslob
Was bleibt übrig in letzter Stund
Was kriegt sich der Hund

Erster gar und Erster ewig
Einmal sind wir alle ledig
Doch nicht der Sieger der ist selig
Nur der Zieher der ist stetig

Purpur

Die purpurnen Flüsse
Wollen wir beseelen
Die geistigen Ergüsse
Dürfen uns nicht quälen

Auch OHNE!

Die gute Seite des Todes erkennen
Des Lebens Lebenslust benennen
Wir wollen nicht hadern, noch flennen
Wer schneller da sein will, muss rennen

Blut

Das Blut tropft von der Decke
Die Asche quillt die Hände
Die schwarz besonnte Hecke
Gerstet mosaikfarben gegen die Wände

Erster

Verständnis ist nicht rar
Es ist immer da
Lebe jeden Tag
Als wär´s dein erster

Einsamkeit

Gefühle der Einsamkeit
Durch die verlorenen Straßen ziehend

Sonntag

Sonntagmorgen
Willendes Wallen
Öffnet den Horizont
Von uns allen

Sonntagmorgen
Nebel ziehen über´s Tal
Unsichtbare spazieren
Es ist deine Wahl

Sonntagmorgen
Alles ist still
Doch was ich will
Ist verborgen

Montag

Montagmorgen
Ein neuer Sohn ist geboren
In seinem Schein
Läutet es ein

Dienstag

Dienstagmorgen
Zerfrisst meine Sorgen
Dienstagabend

Mittwoch

Mittwoch ist die Mitte
Mittwoch ist Bergfest

Donnerstag

Donnerstagmorgen
Wir sind neu geboren
Donnerstagabend

Freitag bin ich in Liebe
Samstag kommen die Hiebe

Anker

Der Anker fließt ins Mädchens Märchen
Krümmen wird sich da kein Härchen
Besonnen und im Zwielicht dann
Kommst du dann und wann auch an

Der Mondenschein die Sonne zückt
Der Dichter wird im Schoß verrückt

Haar

Glückseeligkeit in Ewigkeit
Was vorher einmal war
Ist Bescheidenheit in Zweisamkeit
Was bezogen in deim Haar

Für dich

Für dich da würd' ich Bäume reißen,
Für dich da würd' ich mich vergessen
Ich würde mich durch alles beißen
Das Glück mit dir kann nicht gemessen

Mein Leben das ist deines jetzt
Du bist mein Blut mein ewger Schatz
Tust du dir weh werd ich verletzt
Du bist mein Herz das wandelt &
Ich sag's in einem Satz:

Du bist alles war mir wichtig, nichts
anderes hat deinen Platz, gegen dich ist
alles nichtig, ich liebe dich mein Schatz.

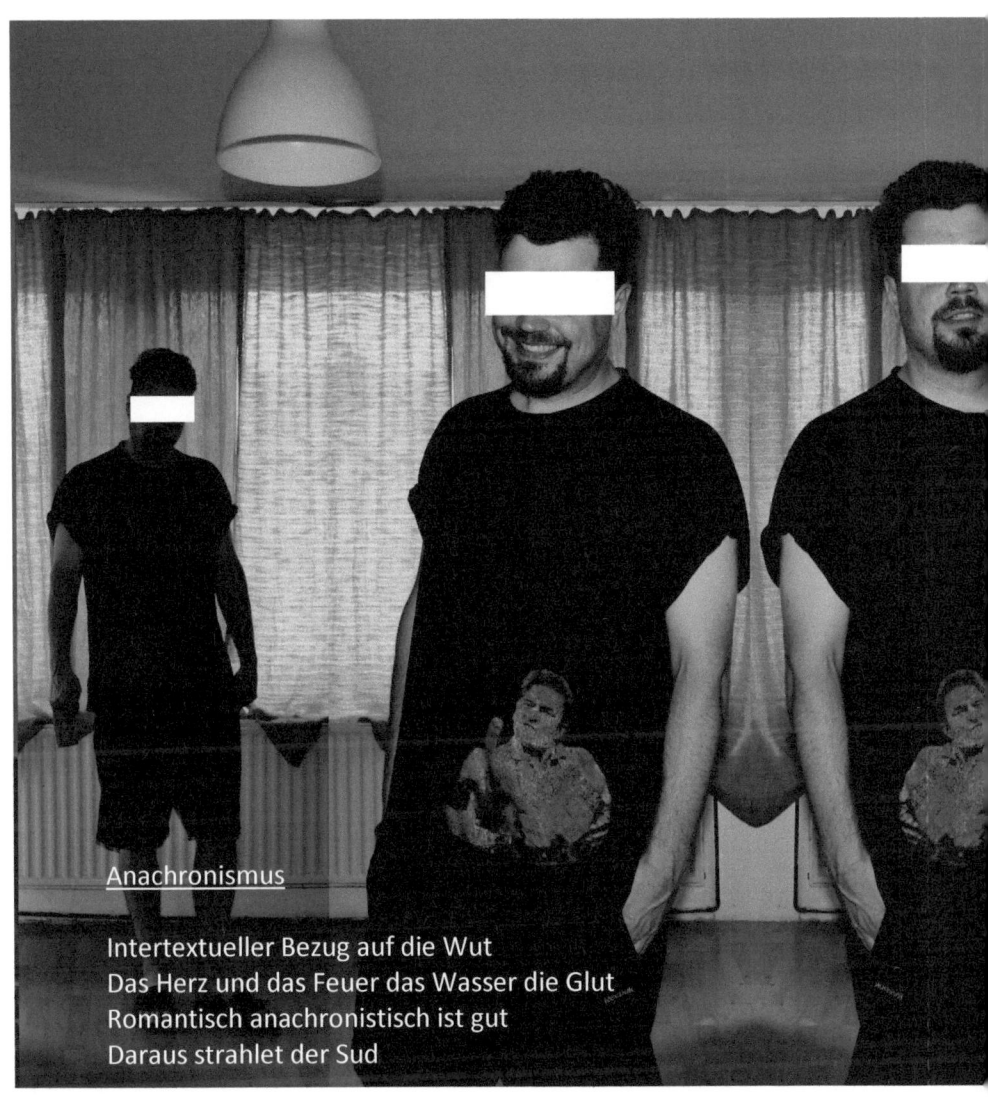

Anachronismus

Intertextueller Bezug auf die Wut
Das Herz und das Feuer das Wasser die Glut
Romantisch anachronistisch ist gut
Daraus strahlet der Sud

Vorsprung

Kannst du vorstoßen den Vorsprung empor
Morgen singen wir gemeinsam im Chor
Morgen werden wir gemeinsam sehen
Und unsren Weg nicht mehr alleine gehen

Der Felsen ist hart und hart ist der Weg
Den wir gemeinsam gehen auf dem moosigen Steg
Tausend Fische in unendlicher Tiefe
Dass er unser kommen verschliefe

Samati

In deinem Leben geht es nicht um dich
Durch mein Geben werde ich bekommen
Alle Dinge sind ein Ding
So hat der Dichter es vernommen

Was vorenthalten enthält dich vor
Multiplikationseffekt

Der wahre Geist ändert die Zeit
In dir selbst und um dich selbst
Die wahre Natur ist die Erkenntnis
Die einst erkannt & dann gefällt

Schauspieler

Das Spiel des Schauspielers vergilbt die Sinne

Sterne

Was wir wollen was wir sehen
Werden in die Sterne gehen
Was wir machen wird bestehen
Werden in die Sterne gehen
Was wir können dann und wann
Was wir tun ein jeder kann
Was wir finden ist der Lohn
Für der Sterne Gottes Sohn

Ataraxie

Was begonnen, was geschehen, unerschütterlich bestehen

Apatheia

Was wird kommen, was geschehen, unempfindlich auch bestehen

Staub

Das Messer in der Wunde klafft
Was das Leiden Leiden schafft
Wer klug genug in dieser Nacht
Hat sich aus dem Staub gemacht

Durst

Staubige Schicht auf seiner Seele
Der Geruch des Vergangenen wiegt an
Trockener Durst in seiner Kehle
Wer kommen mag ist, willkommen dann

Die weiße Gestalt

Einsam und kalt ist die weiße Gestalt
Am Straßenrand in der kalten Dezembernacht
Lachend und alt ist die Gesamtheit geballt
In den Bewohnern der Steppenlandschaft

Er kommt aus der Ferne und geht ins Gedärme
Er berichtet von grausiger finsterer Macht
Er bliebe so gerne, doch schaut in die Ferne
Sein Leben wurde von Unglück gebracht

Einsam und kalt ist die weiße Gestalt
Die dort hingeht in die Ferne in der Dezembernacht
Im Rückblick verhallt ist die Stimme und alt
Die Erinnerung mit Wehmut an die weiße Gestalt

Closer

Komm ein bisschen näher
Näher an mich ran
Komm ein bisschen näher
So nah wie ich kann

Bist du bei mir, bin ich frei
Bist du bei mir, bin ich daheim
Meine Fesseln schwer wie Blei
Sprengst du dann und wann

Und wenn du wirklich willst
Kannst du mein Innerstes seh´n
Und wenn ich wirklich will
Kannst du mich versteh´n

Komm ein bisschen näher
Näher an mich ran
Bleib in meiner Nähe
Fall in meinen Bann

Wir werden sehen
Und uns verstehen
Wir werden gehen
In uns bestehen

Oratorium

Oh so ist es nun
Was bleibt noch zu tun
Was ist das, was nun ist
Was war das, was du bist

Wer wir sind und was wir wollen
Sollen tollen rollen
Wenn wir begreifen wer wir sind
Sind wir doch uns eigen Kind

Mein Freund, der Tod

Mein Freund, der Tod gebar mir neues Leben
Er sagte, sieh alles einfach und nicht komplex
Mehr Herz und weniger Verstand
Und Humor wäre das Wichtigste überhaupt
Sich selbst nicht so ernst nehmen
Es wäre sowieso egal
Denn lebend kommst du hier nicht raus

Das sagte mir mein Freund, der Tod

Und wenn heute die Welt unterginge, was würdest du heute tun?

Ich würde genau das tun, was ich immer tue, leben wie jeden anderen Tag und würde beruhigt mit dem Gedanken einschlafen, dass ich nicht alleine bin / nie alleine war / und es auch niemals sein werde.

Kushim

Jeder neu, neu geboren
Niemals da in sich verschworen
Immer eins und was geschätzt
Jeder ist sich selbst zuletzt

Animismus

Spaziergang auf dem Friedhof fein
Wo soll denn nur mein Grabe sein
In der Sonne hoch oben & allein
Wird mein Seelchen finster sein

Kognitive Dissonanz

Am Kreuze Blut es glänzt so schön
Friedvoll in den Kriege ziehn
Oh heilig ist mein Fluchen nur
Ich ziehe an der dünnen Schnur

So wundervoll in Hässlichkeit
So zufrieden in der Traurigkeit
So traurig gegen Heiterkeit
Zeit zu Zweit liegt allein´ bereit

Es ist die Natur, drum schluck ich sie
Niemals eines niemals nie
Immer mehr und immer anders
Immer ist´s so, jeder kann das

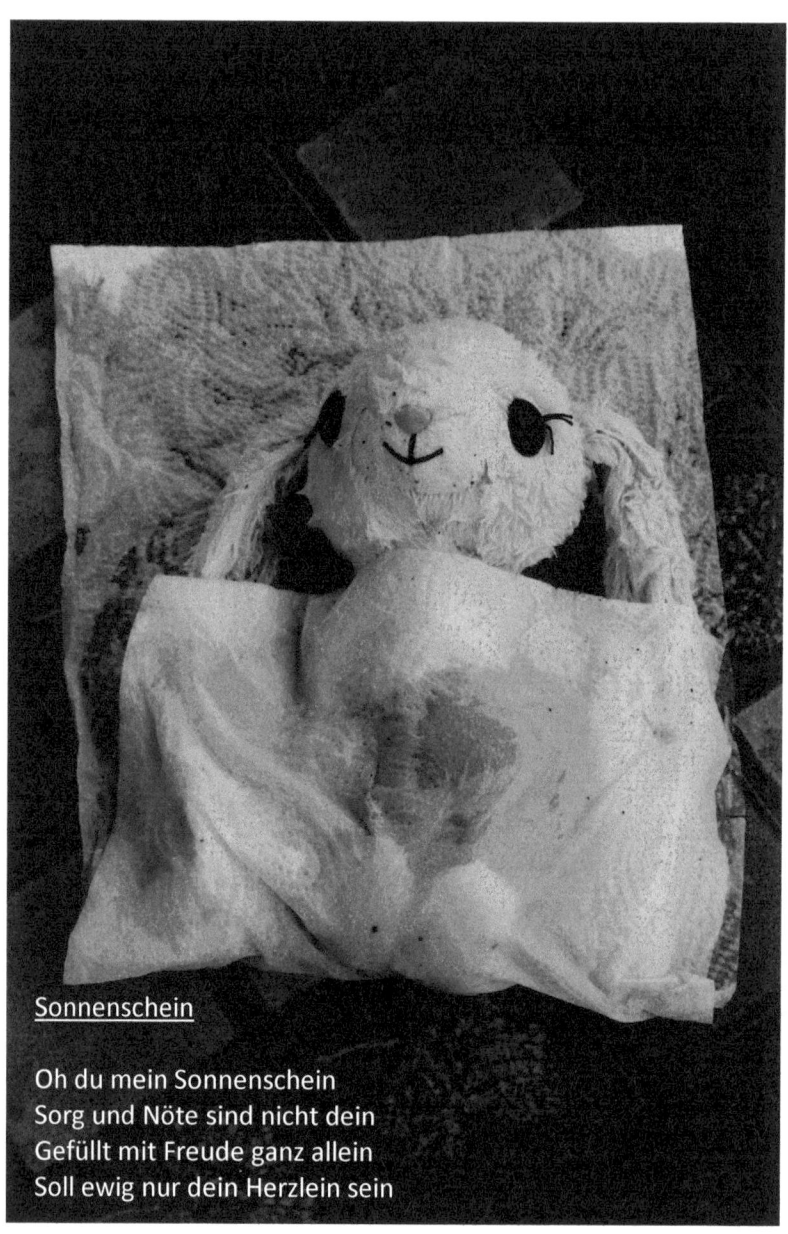

Sonnenschein

Oh du mein Sonnenschein
Sorg und Nöte sind nicht dein
Gefüllt mit Freude ganz allein
Soll ewig nur dein Herzlein sein

<u>Wunderschöne Wellen</u>

Das Leben ist das Meer, mit sieben Wellen, ständig gehen sie auf und ab. Immer anders, manchmal ruhig, manchmal schlagen sie schaurig auf dich herab. Weil sie nicht anders können, so wie du, also segne das Meer, liebe das Meer und werde das Meer. Im Wasser liegt das Glück, welches dann ein fiktives wird, wenn du es erkennst und nicht benennst. In dieser Erkenntnis liegt Dias wohlus expensiv.

Intersubjektive Wahrnehmung der kollektiven Vorstellungen

Der Bärtige lässt alles an der Seite, jedes Mal wieder von Neuem, immer unvoreingenommen.

Die Unzufriedenheit kommt mit dem, was wir nicht haben. Es liegt in der Alchemie.

Die Anlage fährt immer auf den Ausgangspunkt zurück nach jedem Ausschlag. Nach unten und nach oben. Die Auswirkungen sind nur Prozesse, die vergehen. Die wir nicht sehen. Auch das Begehren der Dinge, denn alles ist benannt und gar nichts ist bekannt. Es ist die Alchemie, die bedient werden möchte. Sonst gar nichts. Leider oder Gott sei dank.

Also, sei zufrieden, mit dem was du hast.

Unsere Empfindungen sind nur gefühlsmäßige, erlernte Konstrukte unserer intersubjektiven Wahrnehmung. Dies ist ein zufälliges Ergebnis unserer Entwicklung im Kollektiv, also nicht unserer Selbst. Somit könnten sie auch komplett anders sein, in einem anderen Kontext würden sie andere Gefühle auslösen, von daher kann man die Empfindungen selbst beeinflussen, wenn man sich des Zusammenhangs bewusst ist. Ein Mensch der nicht begehrt, kann nicht leiden.

Deswegen, sei zufrieden, mit dem was du hast.

Was spüre ich in den Momenten des Lebens wirklich? Nicht sehen, sondern spüren. Nicht die kollektive Scheinerkenntnis interpretieren, sondern nur sich selbst, alles was ist. Spüren und erfüllen ohne zu bewerten. Annehmen was ist. Spüren ohne zu leiden.

Wenn du dich selbst spüren willst, sei zufrieden, mit dem was du hast.

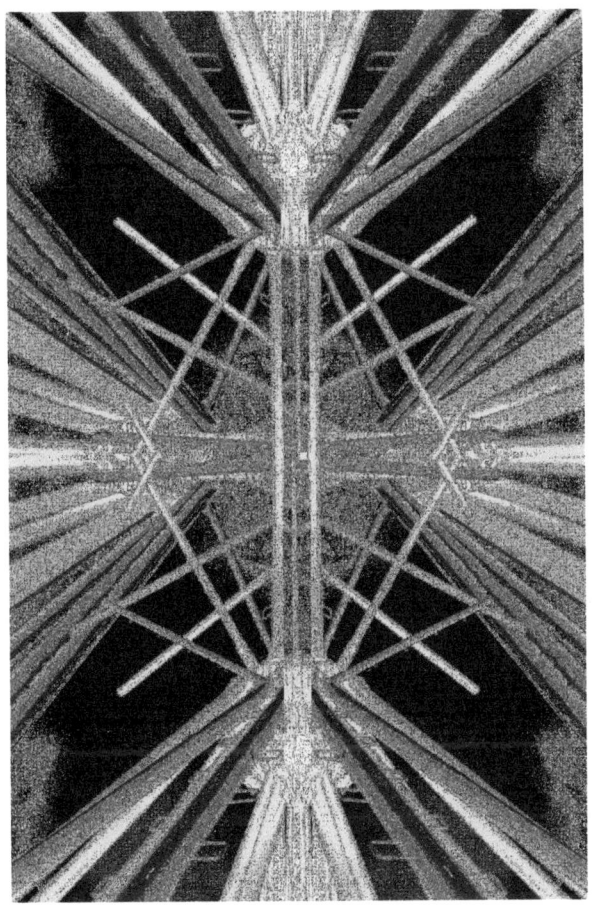

Die 3 Dinge

Ruhe und Humor genießen. Genieße den Humor der Ruhe. Ruhe im Genuss des Humors. Mache dich lustig über den Genuss der Ruhe. Genieße die Ruhe des Humors. Ruhe im Humor des Genusses. Mach dich lustig über die Ruhe des Genusses. Humor und Ruhe genießen.

Draußen ist der Friede

Alle Wasser, die du bist
Der Tod lebt in der Natur
Die Dinge, die man nicht will
Sind gerne angenommen immer

Billardspieler

Die lebenden Gedanken stellvertretender Zeitgenossen,
gossen was genommen um es dann nicht mehr zu bekommen,
verglommen…

Die Passung der umgebenden Geschöpfe wird einhergehen mit
deiner Selbst da die Geschöpfe ihre Passungsfähigkeit abgelegt haben
in ihrer Spiegelung deiner Selbst und das ist die Natur eines jeden von
uns und deiner Selbst.

Ein Rudel Sprudel des Tornados der Flechsen ist eine Passung, der
die Geschöpfe ausgenommen waren zu deiner Selbst willen.

Um sekundär in dem primären Feld zu agieren sollte das Innere
dem Äußeren gleich sein.

Der lange Stamm

Zerspaltetes Holz erwägt sich seiner Nötigkeit,
die schnelle Zeit gibt uns Vorgaben, die gelogen,
aber natürlich ihren Idealen entsprechend.
Der lange Stamm wird in Ruhe betrachtet und so dann auch
erkannt.

So wie es ist, ist es definitiv gut.
So wie es ist, ist es zufrieden stellend, ja glücksergreifend.
Alles Leid geht vorbei und alle Freud auch.
Alles hat seine Zeit und am Ende ihrer ist nichts mehr von
Bedeutung.

Dein einziges Vorbild bist du
Stell dir keinen anderen vor, nur dich
Andere haben ihr Leben, du hast deins.
Man kann nicht tauschen und will es auch nicht, denn nichts ist wie
es scheint.

Keine Rechtfertigung für Nichts, keine Erklärung, keine Norm
Du bist deine eigene Norm
Frauen sind Katzen – Männer eher Hunde

Zahlen sind nur Schall und Rauch, erfunden von den Sumerern
Das was du nicht willst, wirst du bekommen
Also lehn dich zurück und lass los, lass gut sein, lass die Dinge auf
dich zukommen
Freue dich auf die Dinge, die du nicht willst, sie sind die Schönsten
☺

Ragnarök

Es ist so schwer, rollt der Stein ins Blut hinein
Und setzt dann an zum Sprung
Das Gewicht wird schwerer und ganz allein
Die Melodie nach Honigtau klung

Flügelgrau

Roter Vogel, durchgezogen, klare Linie und gebogen
Verbrachte Zeit, ungelogen, zerfallen sind die Wogen

Inhalt des Feuers

Feuer versteht die Unterschiede

Schau ins Feuer, wenn andere wegsehen

Feuer hat keine Erwartungen

Feuer hat keine Bedingungen

Feuer tötet die Angst

Das Feuer brennt hell unsere Gefühlswelt

Feuer bedeutet wollen und nichts anderes

Perfektionismus

Feuer verbrennt den Egoismus

Feuer arbeitet immer weiter

Jeder träumt vom Feuer, dem großen Feuer.

Doch woran erkennen wir es, wenn wir Wasser sind?

Enzyklopädie der Seele

Seelenherz
Seelenliebe
Seelenkörper
Seelengeist
Seelentechnik
Seelenkrieg Seelenkreis
Seelenmann
Seelenmut Seelenflut

Seelenwut Seelenglut Seelenmut

Was verstanden wird erkannt
Was verschwiegen wird verbannt

Seelenreise Seelenruhe Seelenquell
Seelenfarben Seelenliebe Seelennacht
Seelenmacht

Seelenkeim Seelenblut Seelenblume

Seelenfrucht Seelenwanderung
Seelenflucht Seelenberg Seelenbuch
Seelentuch Seelensee Seelenmeer
Seelentier Seelentür Seelenwelle
Seelenquelle Seelenlicht Seelenfluch
Seelenfarbe Seelenfahrt

Seelenschlucht Seelenbucht Seelensprung

Seelenkonstrukt
Seelentod
Seelenbild Seelengrab Seelenholz

Seelenstern seelentiefes Seelenwerk

Seelenzahl Seelenbrand Seelenfeuer
Seelengrund Seelengleich Seelengefilde
Seelengespräch mit dem Seelenbild

Seelengleich sind wir
Im Seelenteich schwimmen wir
Unser Seelenstein liegt auf dem Seelenstern

Und den sehen wir gern

Unser Seelensaft bringt Kraft
Zu Seelenstaub werden wir vergehen, du wirst sehen
Ein Seelenraub wird es sein
Seelenschwarz wird seelengrau

Seelenfrei

Oktober Rust

...die Schatten der Nacht entflammen die
Feuer der Seele heller als jeder Tag...

Lass dich mitnehmen, selbst die dunkelsten
Schatten verlieren ihre Existenz, wenn du sie
benennst.

Das Licht wird am Ende siegen, ganz sicher.

Billardspieler II

Leb jetzt
Verdammt nochmal du hast keine Zeit mehr
Leb jetzt sofort
Mach alles was du willst
Leb jetzt intensiv
Du hast Selbstbewusstsein du hast Selbstwert
Selbstwirksamkeit
Alles jetzt vorhanden, wenn du willst
Leb jetzt und genieß es in vollen Zügen
Bevor es vorbei ist
Denn das wird es sein
Ganz sicher
Also sei sicher, dass du jetzt lebst
Bevor du stirbst

Der Stellvertreter

Die lebenden Gedanken stellvertretender
Zeitgenossen, gossen was genommen um es dann
nicht mehr zu bekommen, verglommen ...

ðŸ ¦
Frauen sind Katzen - Männer eher Hunde

Ein Mensch, der nichts begehrt, kann nicht leiden

Unsere Empfindungen sind nur gefühlsmäßige Konstrukte unserer Wahrnehmung. Diese ist ein zufälliges Ergebnis unserer Entwicklung in der Gesellschaft, also nicht unserer selbst. Somit könnten sie auch komplett anders sein, in einem anderen Kontext würden sie andere Gefühle auslösen, von daher kann man die Empfindung selbst beeinflussen.

Du kannst dasselbe tun wie die Neuen.

Oder an die intersubjektive Wahrnehmung der kollektiven Vorstellungen glauben.

Mr. Mojo

Mister lässt alles beiseite
Mit dem zufrieden sein, was wir haben sagt
der Mister
Die Biochemie der Klimaanlage geht wieder zum
Ausgangspunkt zurück. Egal was wir erreichen,
egal was es ist. Die Auswirkung ist nur ein
chemischer Prozess im Brain. Sex auch, sowie
sexuelle Anziehung und auch das Begehren. Alles
nur ein biochemisches System das bedient werden
möchte, sagt der Mister.

Also, sei zufrieden, mit dem was du hast.

Das Leben ist das Meer, mit seinen Wellen,
ständig auf und ab. Immer anders. Weil sie nicht
anders können, wie du, also sei das Mehr,
akzeptiere das Meer, werde das Meer. Werde mehr.
Im Wasser liegt das Glück, welches dann ein
fiktiver Wirt wird. In der Erkenntnis liegt Dias
wohlus expensiv sagt der Mister, this is the
end...

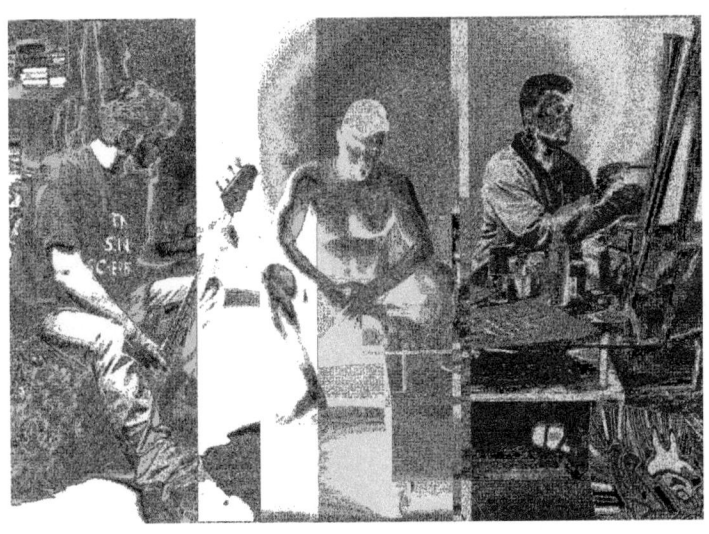

Weihnachtstrauern

Und dann war sie wieder da, die zeilengleiche
Zeit der spiralenförmigen Zusammenkunft. In
dieser findet sich, der Lichtstrahl der Farbe
Grün, der im roten Wasser bleich wird. Wie das
Pferd, das totgesagte, schleichend entlang der
Schneise der falschen Versprechungen verschwand.
Gegeben an Geister, die nicht existieren aber
herein fließen im pechschwarzen Fluss der
vergangenen Zeit.

Diese Freude der Trauer jagt uns weg. Weg vom
verborgenen Irrglauben an den perfekten Glanz.
Die Zeit ist ein Dieb und ich das Geschenk das
verpackt ist mit dir, du Weihnachtstrauer, in
mir. Und das Jahr geht vorbei um dich wieder
willkommen zu heißen mein Bruder der roten
Wasserquelle der Verzweiflung.

Der Schlaf löscht das Wasser. Die Trauer
ertrinkt im Feuer des Kamins der Liebe.
Betrunken von der Trauer taumele ich über das
Feuer um das Wasser zu grünen in der Hoffnung
nach Neuem. Schöne überquellende auslöschende
eine, dem Kinde gleich geborene Hoffnung, aus
der Trauer der Vergangenheit. Es ist noch
unverbraucht und nicht belastet also belastet es
das Glück.

Gothischer Felsen

Es ist ein Stein
So soll es sein
Im Stein ein Keim
Es macht ihn rein

Es

Bluetoom Montag Poem

Es ist bittersüß
Doch mehr süß als bitter
Im schönsten Sonnenschein
Man vergaß das Gewitter

Gezeichnet war das Schöne
Doch der Schein trügt Blitze
Machen hell das Dunkle
Ihrer bitterbösen Witze

Doch sie sind nicht wahr
Und dessen bewusst macht uns diese warme
Kraft
Die klafft, wenn man lacht
So sachte und es wird geschafft

Die warme Kraft ist das Wichtigste und muss
bedacht
Sonst wird sie ausgelacht von der dunklen
Macht
Was Trauer bracht
Es ist alles gemacht

Keiner hätte es je gedacht

Gedacht hat keine Macht, mehr

Mehr

Barriballs dunkles Grau

Es ist ein sehr dunkles Grau der Trauer
taumelt ich über das Feuer um das rote Wasser zu
grünem in der Hoffnung nach den Bildern und
wollte ein schönes Geschenk hast du mir gemacht.
Danke.

Schließe deine Augen

Und sag mir was du siehst
Wir tanzen in unserem Ring
Unser beider Name war Glück
Zuhause war dort wo wir waren

Der Schnee wäscht unsere Seelen rein
Der alte Staub fällt von der Brücke
Die Sonne strahlt den Mond so rot
Wir füllen uns behutsam jede Lücke

Du gibst mir Frieden du gibst mir Glück
Du gibst mir von allem all ein Stück
Ich werde für dich da sein ich werde dich leben
Ich werde nach all unserem Wohle streben

Du bist wunderschön. Viel schöner als das
Schönste.
Das Einzige was schöner als dein Antlitz
Ist deine unendlich schöne Seele
Sie füllt mit Scham, mein Auge muss tränen
Einen besseren Charakter hab ich nie gesehen

Es ist der meine und du bist mein
Ich bin dein denn wir sind gleich

Ein und dasselbe von einem Stamm
Zusammen gewachsen was keiner mehr trennen kann

Denn die Robbe wird sterben ohne ihren Mann

Schau mich an und sag mir was du siehst?
Ich sehe mich die Pflanze die du gießt.
Wie schwierig es auch ist, es wird niemals
vermiest.
Unendliche ewige Liebe ist das, was daraus
sprießt.

Prinzet

Wir werden sehen und verstehen, alles hat
seinen Sinn
    Innen drin. Prinzentz win.

Anaklise

Fest verankert in meinem Herzen, unter Schmerzen
Brennen auf mich runter wie Kerzen, du verliebst zu scherzen.

Es ist so wunderbar eindrucksvoll, wächst in dir drin geheimnisvoll.
Jeden Tag erfrischend neu, sprudelnde Glückseeligkeit gestrickt auf Heu. Immer am leben, niemals verzagen oder klagen. Alles wagen.

Samuel

Der tiefe Schein, ein dunkles Licht, es spricht nicht von sich. Es spricht dich. Doch du bist ich.

Schwarze Tropfen fühlen den Stein. Was die Flüsse sehen ist Schein. Sterben beim Tauchgang, was kann schlimmer sein? Schimmer der Spieglung. Alles was zählt ist die Sieglung. Der Spiegel lügt nicht.

Das Schwein geht zum Trog. Der Stein schärft das Messer. Ein Epilog. Zu fliehen wär besser. Die wie so groß. Gerannt ist erkannt. Am Flusse das Floß. Mit Angst ist genannt.

Wie wunderbar schön, die neue Welt doch ist. Und sicher noch wird. Wenn die Eule dich frisst. Und du alles vergisst.

Gib mir neue Augen und zeig mir das Paradies. Lass mich herein ins dunkle Verlies.

Wundervolles Farbenmeer was in dir sprießt, dein
Inneres ist alles was du immer wieder siehst.

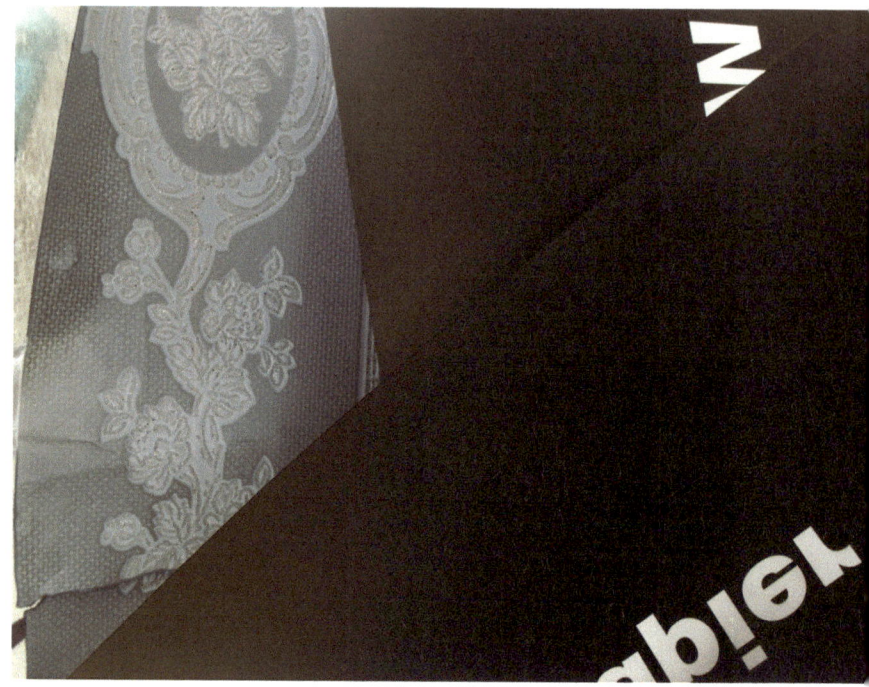

Perifer

Bin ich in dir, bin ich zuhause

Du bist mein Sonnenschein, du bist mein Alles
und im Falle eines Falles, bin ich immer für
dich da und immer wahr. Für dich für uns für
alles. Das ist klar. Vom ersten bis zum letzten
werde ich dich nie verletzen. Alles all ist
wunderbar.

Bin ich zuhause, bin ich in dir

Zukunftsperspektive

Das Feuer steigt nach oben, das Wasser sinkt
nach unten
Die Erde kommt von rechts und der Wind von
links
Glück bringt´s

Schulterdreher

Die Tücher schließen wie Schranken
Im Kreis der Alten die alten Gedanken
Geprägt im Blühen vermessen
Die dunklen Dämonen gesessen

Der Abschied fällt schwer doch ist er von Not
Alles andere brächte nur Schmerzen und Tod
Dafür ist noch Zeit wenn die Blume verblüht
Solange ist Leben im Feuer was glüht

Es ist ganz einfach das Schwere
Ein Einzger wird dann zum Heere
Es wird besiegt und so soll es sein
Im Tode herbei kommt ein neuer Keim

Outro 2:

Riskiere, tue, liebe Leidenschaft. Geb dich hin, geb dich weg und finde dich wieder. Finde dich neu, erfinde dich neu. Jeden Tag wieder. Jeder Tag ist ein neuer Kampf, ein neuer Sieg, ein neues Geschenk ... egal wie er ist, er ist einmalig genießenswert immer. Alles Schlechte, alles Gute alles all ist ein Genuss. Ein perfektes Farbenspiel das alle Töne zeigt, zeigen muss, nie komplett bist du, nie nur hell oder nur dunkel. Immer beide und je nach Lichteinfall schimmert ein anderer schöner Glanz. Ein einzigartiger individueller Glanz, der immer du bist.